Las pataletas

Estrategias para padres desesperados

GW00694433

Estrategias para padres desesperados

99 consejos para mantener la calma

Las pataletas

Michelle Kennedy

Primera edición en español publicada por OCÉANO ÁMBAR, según acuerdo con THE IVY PRESS LIMITED.

Editorial Océano, S.L. - Grupo Océano
Milanesat, 21-23 - 08017 Barcelona
Tel: 932 802 020 - Fax: 932 031 791
www.oceano.com

Se han realizado todo tipo de esfuerzos para asegurar que el contenido de este libro es correcto y recomendable. Sin embargo este libro no pretende sustituir la información de los médicos o profesionales de la medicina. La autora y los editores no se hacen responsables de cualquier daño, directo o indirecto, derivado de la aplicación de este libro.

Este libro ha sido concebido, diseñado y producido por
THE IVY PRESS
The Old Candlemakers
West Street
Lewes
East Sussex BN7 2NZ

ISBN: 84-7556-289-2

Director creativo PETER BRIDGEWATER
Edición SOPHIE COLLINS
Director editorial STEVE LUCK
Manager de diseño TONY SEDDON
Editor de proyectos REBECCA SARACENO
Diseño JANE LANAWAY
Ilustraciones EMMA BROWNJOHN
Traducción CAROLINA SANÍN
Edición en español ESTHER SANZ, MÒNICA CAMPOS

Impreso en China
Primera edición, primavera 2004

Contenidos

Introducción 6

Tú controlas la situación 8

Calmantes instantáneos 22

Alternativas a los cachetes 36

Si tu hijo es un tirano 50

Buenos modales 62

Dame, dame, dame 74

Los lloriqueos 86

En boca del niño 98

Alternativas al ¡No! 112

Lecturas recomendadas 126

Notas 127

Índice 128

Las pataletas

Introducción

Hace un día precioso y, en compañía de mi angelical niño, me paseo por el mercado. Me he armado de paciencia y quiero enseñar a mi hijo cosas que le interesen. Le explico la diferencia entre una manzana y una pera... Me siento bien en mi papel de madre. Pero, de repente, veo que se aproxima la tormenta. Al principio es leve. La pregunta: «¿Me compras esto?» desencadena el temporal. Se levanta un viento huracanado. «¿Y esto?». Empieza a caer el aguacero. Yo no he traído paraguas, pues el día es hermoso, y me resisto a que se eche a perder. De modo que, alegre, con voz calmada, digo: «No». Pero es demasiado tarde. No importa que yo esté de buen humor. La tormenta ha empezado: «¡Guaaaaaaaahhhhh! $#@$^^&...», y ya no para. Los gritos y el llanto vienen acompañados de patadas, mordiscos, y puñetazos. El niño se tira al suelo. A lo largo de los años,

mis niños han protagonizado pataletas de todo tipo,
desde las tradicionales hasta las más excéntricas.
Las pataletas son irritantes, embarazosas y, en ocasiones,
extremadamente cómicas. Espero que los consejos que te
ofrezco a continuación te ayuden a
sobrevivir a las pataletas, a evitarlas y a
conservar el sentido del humor, ya que
ésta es la única arma que tenemos los
padres cuando nos enfrentamos a un
niño que grita a todo pulmón
con la cara encendida como
un semáforo.

Tú controlas
la situación

No hay nada peor que arrastrar a un niño que grita por los pasillos de un supermercado. Nada. Los otros compradores miran con desdén y chasquean la lengua. Una persona se acerca y cuenta qué hacían sus padres cuando a ella le daba una pataleta. Si puedes, intenta tener paciencia y escucha los cuentos de «En mis tiempos...» mientras arrastras al niño que, de repente, parece tener por piernas dos fideos cocidos, hacia la salida. No olvides que tú controlas la situación. Eso decían todos los libros que leí cuando estaba embarazada. Repítelo mentalmente, como un mantra, mientras arrastras al niño hacia el coche, al tiempo que él te patalea y te muerde el brazo: «Controlo la situación. Controlo la situación».

Mantente firme

2-4 años

Confía en que tu hijo puede portarse bien. Créete que hará caso a lo que tú le digas. Durante años recibí este consejo, pero me parecía insuficiente. Con el tiempo, me fui sintiendo más segura y me di cuenta de que era útil ponerlo en práctica. ¿Has notado que algunas madres pueden hacer que el mal comportamiento cese con tan sólo una mirada? Si eres coherente y haces que tus reglas se cumplan siempre y no «cedes» por pereza, tu niño aprenderá a comportarse. Esto parece fácil. Sin embargo, inténtalo. Y mantente firme.

Amor y disciplina

Tú no eres la amiga de tu hijo. Sé que te gustaría serlo, y que no quieres parecer una «madre malvada», pero es preciso que pierdas el miedo. No soporto ver a un adulto inteligente que trata de razonar con un niño de tres años que se empeña en que le compre un caramelo. «No te sentará bien», dice el padre o la madre. «Cómpramelo», dice Carlitos el Caprichoso. «Hoy no podrá ser. No he traído suficiente dinero», dice el padre. «¡Cómpramelo, cómpramelo!», dice el niño. Se acerca la pataleta. ¿Cuál es la solución? Quítale el caramelo, vuélvelo a poner en

su lugar, coge al niño y sácalo del supermercado. Los demás compradores celebrarán tu habilidad paternal y tu decisión de abandonar el lugar. Hay momentos en los que se debe razonar con el niño, pero éste no es uno de ellos.

Explica la misión

Esta estrategia siempre me ha funcionado. Antes de entrar en el supermercado, reúno a mis cuatro hijos.

«Compraremos sólo leche, huevos, pan y pollo», les digo con firmeza. «No compraremos galletas ni caramelos ni juguetes. El que pida algo quedará castigado sin salir de su habitación. Punto final. ¿Entendido?». Ellos asienten. Si, a pesar de la advertencia, piden algo y los castigo, no vuelven a hacerlo.

Háblales con convicción 2-4 años

No amenaces a los niños si no estás dispuesta a cumplir la amenaza. Recuerdo nítidamente lo que decía mi padre cuando era niña: «Como me levante de esta silla...». Así de claro. Bastaba que lo dijera y que empezara a levantarse, para que nosotros nos quedáramos quietos o nos fuéramos a otra habitación. Nunca alcanzó a levantarse de la silla, y dudo que hubiera hecho algo terrible en caso de que se hubiera levantado. Sin embargo, la amenaza funcionaba. No queríamos saber qué pasaría si papá cumplía la amenaza. Cumple tus amenazas. No temas dar la vuelta y regresar a casa o dejar todo en el carrito de la compra y salir del supermercado.

2-4 años # Procura no enfurecerte

Es fácil. A veces quisieras ponerte a gritar. Antes de condenar a tu hijo a que pase el resto de su vida limpiando la bañera con un cepillo, dile que se quede de pie en un rincón mientras tú reflexionas durante unos minutos. Tómate tu tiempo para pensar en un castigo creativo, si el niño es lo suficientemente mayor para ser castigado o, simplemente, cálmate con pensamientos positivos. Regresa al lado del niño cuando seas capaz de hablarle en tono sereno.

Tú controlas la situación

Pero si lo haces...

2-4 años

A todos nos ocurre. Es inevitable. Un día, estallarás. Gritarás, e incluso le darás un cachete al niño. No está bien pegar a los niños, pero a veces ocurre. Cuando ocurra, el niño te mirará con ojos de cachorro y se preguntará de dónde ha sacado una mamá tan espantosa. O, quizás, estará tan asustado que no se preguntará nada. Da un paso atrás. Respira profundamente. Pide disculpas por el grito o el cachete. Dile al niño que lo que has hecho está mal, y explícale por qué te has enfadado. No le digas: «Si no le hubieras pegado a tu hermana, yo no te habría pegado a ti», pues si lo haces, le estarás culpando de nuevo. Dile algo así como: «Todos tenemos que tratar de controlarnos cuando nos sentimos enfadados». El niño tiene que saber que el hecho de que no hayas reaccionado de manera correcta no significa que apruebes lo que él ha hecho.

Potencia lo positivo

2-4 años

Dile a tu hijo cuándo hace las cosas bien, y no sólo cuándo se comporta de manera inapropiada. Expón claramente tus expectativas y cómo puede satisfacerlas. Celébralo especialmente cuando haga algo que no le habías pedido expresamente. «Agradezco que hayas recogido tus juguetes. Muy bien hecho». A mis niños siempre les encantaba oírme decir que estaba impresionada por algo bueno que habían

hecho o por algo que habían tratado de hacer. Si les haces saber que te percatas de sus acciones positivas, ellos no tendrán motivos para tratar de llamar tu atención con comportamientos incorrectos.

Razona con él

Haz que tus intentos por disciplinar al niño tengan sentido.
Esfuérzate especialmente si el niño es pequeño y aún no
sabe por qué se critica su comportamiento. Supongamos
que el niño desguaza un libro. Lo hace simplemente porque
le divierte. En ese caso, puedes recoger los trozos e intentar
arreglar el libro con la ayuda del niño.
Mientras lo haces, puedes explicarle que
los libros son mucho más
divertidos cuando tienen
las páginas juntas.

Juzga las acciones

2-4 años

Evita decir frases que hagan daño como: «Has hecho una estupidez». Es esencial que el niño comprenda que a ti no te ha gustado lo que ha hecho, pero que él te sigue gustando.

Es importante que tengas cuidado con respecto a cómo dices las cosas, pues, de lo contrario, tu niño se sentirá inseguro y dudará antes de emprender cualquier acción.

Es mucho mejor decir «No me gusta que me ignores» que decir «Eres tonto. Nunca escuchas lo que se te dice». Es fácil decir cosas que hacen daño para subrayar el mensaje que se quiere transmitir. Pero es más útil transmitir al niño lo que sientes cuando él se comporta de una determinada manera.

2-4 años No te sientas culpable

Haz que tu hijo se entere de que a ti te trae sin cuidado que su amiguito tenga la última versión de Nintendo. A menudo les recuerdo a mis niños que mi función no es comprarles todos los juguetes que aparecen en el mercado. Mi función es hacer que vivan sanos, limpios y bien alimentados, y educarlos. ¡Todo lo demás es opcional! Si te sientes bien llevando a casa un juguete nuevo o una golosina, hazlo. Pero si lo haces, porque de lo contrario tus niños no dejarán de rogar, implorar y llorar, entonces los estarás malcriando.

Sé coherente

2-4 años

Ninguna estrategia educativa funciona si una de las personas que cuida al niño (tú, tu pareja o alguien ajeno a la familia) levanta un castigo impuesto por otra. Es conveniente que la persona que descubre la mala acción determine el castigo. Sobre todo, no critiques el castigo delante del niño. (Por supuesto, esto no se aplica a castigos abusivos o realmente inconvenientes). Si el niño oye que se discute el castigo, aprenderá a usar a unas personas en contra de otras. Si tienes algo que decir con respecto a un castigo o a una reprimenda, dilo cuando el niño no esté presente. Decide cómo debe remediarse la situación, y haz que la persona que impuso originalmente el castigo lo rectifique. De esta manera, evitarás que el niño sienta que alguien ha llegado a «salvarlo», y mantendrá el respeto por la persona que lo ha castigado.

Calmantes instantáneos

Las pataletas se desatan como la tormenta. Primero, el niño se frota los ojos. El viento se levanta. Luego, el niño pide repetidas veces un chicle o un juguete, y sigue pidiéndolo después de que tú le hayas dicho «no» tres o cuatro veces. Luego, empiezan a caer los rayos. Se presenta la pataleta. El estallido que todos tememos. La pataleta es una reacción natural, desde luego, pero hay maneras de prevenirla y de tratarla cuando se presenta.

¿Me escuchas?

2-4 años

En ocasiones, los niños no responden a las órdenes de los padres. Oyen simplemente un GSE (grito sin especificar), sobre todo cuando también ellos están gritando.

Arrodíllate frente a tu hijo, cógelo por los hombros con firmeza, pero sin hacerle daño, y míralo hasta que el niño te mire a los ojos. Entonces, háblale. De esta manera, es posible que el mensaje salve la brecha entre tú y tu hijo.

Calmantes instantáneos
Ignóralo (el hecho, no al niño)

2-4 años

Durante los primeros años del niño, hay muchos hábitos que aparecen y luego desaparecen. Actualmente, por ejemplo, a mi niño le encanta cambiar de sitio las cosas de la despensa. En pocos meses, esta costumbre no será más que un recuerdo.

De modo que, ¿para qué enseñarle a que no lo haga? Sería un desperdicio de tiempo y de energía. En todo caso, en poco tiempo el niño fijará su atención en otra cosa y el problema desaparecerá. Es cierto que entonces vendrá otro problema, pero es posible que ése sea más fácil de solucionar.

Respeta
la pataleta

2-4 años

Reconoce los sentimientos de tu hijo, pero no permitas que rijan tu vida. Cuando mi niño está en medio de un ataque de nervios, yo simplemente le miro y le digo: «¡Uy, sí que te has enfadado. Avísame cuando se te pase». Entonces (y ésta es la clave) me alejo. Obviamente, antes me aseguro de que en la habitación no haya ningún objeto con el que el niño pueda hacerse daño. De esta manera, el niño se da cuenta de que me preocupo por lo que siente, pero se entera de que no estoy dispuesta a presenciar su furia y de que expresarla no es una manera de conseguir lo que desea. Cuando se calma, el niño tiene la oportunidad de buscarme para explicarme qué le ha molestado.

2-4 años

Desplázate

A veces el niño se asusta de la fuerza y la magnitud de su propia explosión, y no sabe cómo dar por terminada la pataleta. Cuando esto ocurra, coge al niño y abrázalo, para que deje de dar patadas y manotazos. Sal de la habitación o de la tienda; cambia de escenario y aléjate de la gente para que el niño tenga espacio para calmarse. Una vez fuera del escenario de la pataleta, mantén al niño abrazado. Arrodíllate a su lado, si es necesario, y cuenta lentamente hasta cien en voz alta. Esto servirá también para que tú mantengas la calma. Si no consigues que el niño se calme, prueba con la estrategia de la «jaula del pájaro». Levanta al

niño, abrázalo contra tu cuerpo y cubre (¡delicadamente!) su cara con una sábana o una bufanda durante unos segundos. Es como cubrir con una manta la jaula de un loro bullicioso. El niño sentirá que está en otro lugar, donde puede calmarse y recogerse.

Baila para ahuyentar las penas

2-4 años

En ocasiones el niño utiliza las pataletas para quemar energía. Si el niño está en medio de una pataleta prolongada, es probable que haya olvidado cuál fue el detonante de su ira. En ese caso, pon música y baila frente a él. Esta acción es tan inesperada que el niño dejará de gritar e incluso es posible que empiece a bailar también. Si bailar no es lo tuyo, prueba a correr por la casa.

Dale tiempo

2-4 años

También puede darse el caso contrario. Es posible que el niño se desespere porque se esfuerza por hacer algo infructuosamente. ¿Está intentando abotonarse el abrigo por quinta vez y no consigue hacerlo? Siéntate con él, léele un cuento y haz que descanse un poco. Quizás, con la mente fresca, él podrá abotonarse el abrigo.

La reacción del jugador de fútbol

2-4 años

Me encanta cuando mi hijo se enfurece y arroja las cosas. No, claro que no me encanta. Aunque tenga un brazo de campeón, el niño debe aprender que arrojar las cosas no es una reacción pertinente. Cuando mi niño se enfurece y arroja algún objeto, lo tomo por los hombros y le digo que respire profundamente unas cuantas veces. En ocasiones, dice «No puedo». Entonces, respiro con él. La idea es que un día aprenda a respirar profundamente y a calmarse antes de arrojar un objeto.

Entra
en el juego

2-4 años

Tírate al suelo y grita tan fuerte como el niño. Este comportamiento lo sorprenderá y, probablemente, después de la sorpresa inicial, tu hijo empezará a reírse. A unos niños les cuesta sonreír más que a otros, pero ver una pataleta en un adulto resulta muy cómico. Este método es positivo, pues permite que tú y tu niño os riáis juntos de las pataletas y os reconciliéis. Es una táctica muy apropiada para los más pequeños, ya que sus pataletas no suelen estar provocadas por ningún motivo específico.

Guerra de comida

A veces el niño se aburre en la trona y empieza a arrojar la comida. Es una reacción habitual, pero es molesta y ensucia el suelo. Para prevenirla, puedes tomar ciertas medidas. Primero, trata de enseñar a tu niño la palabra «bajar». Cuando el niño acabe de comer, pregúntale: «¿Quieres bajar?». Sírvele porciones razonables. Si el niño tiene delante una cantidad imposible de comer, inevitablemente parte de la comida acabará en el suelo. Estate atento al momento en que el niño acabe de comer, y ponlo en el suelo.

Evita el problema

2-4 años

Cuando sus tres hermanos se van al colegio, el menor de mis hijos se queda solo conmigo en casa. De repente, cree que las reglas de comportamiento dejan de estar vigentes. Se dirige hacia la nevera. A una hora bastante inconveniente, pongamos las 8:00 de la mañana, empieza a pedir galletas y caramelos (que ni siquiera sé si tengo). Y así todo el día. Si tu niño pide, por ejemplo, algo de comer cincuenta veces al día, entonces adelanta media hora sus comidas o dale algo de picar nutritivo varias veces al día. Si para picar antes de la comida sólo hay tallos de apio y zanahorias, el niño revelará no estar tan hambriento como aparentaba.

Sácalo de paseo

Si habéis estado en casa todo el día, es posible que tanto el niño como tú estéis un poco nerviosos. Abriga al niño, mételo en el cochecito, y llévalo a la calle o a un parque. Aunque no haga buen tiempo, el aire fresco y el cambio de ambiente ayudarán a calmar los ánimos.

Cuando mis niños eran pequeños, a veces sacarlos me parecía una empresa fatigante. Cuando esto sucedía, envolvía al niño en una manta y lo sacaba a pasear por nuestro diminuto jardín. La magia del cielo abierto funcionaba incluso en ese espacio reducido.

Alternativas a los
cachetes

Yo no pego a mis hijos. Me parece que lo peor que se puede hacer es pegar a los niños para demostrar el poder que se tiene sobre ellos. De mis propios errores aprendí que los cachetes no sirven de nada. Un día, estaba jugando en el suelo con mi primogénito, que entonces tenía casi dos años, y con el hijo de un vecino, a quien yo estaba cuidando. Mi hijo, para hacer valer sus opiniones, pegó al otro niño en la cara. Mi reacción fue pegar a mi hijo en la mano para indicarle que aquello no estaba bien. Una contradicción. Entonces miré al niño, que se había puesto a llorar, y me pareció increíble haber pensado que pegarle tenía sentido. ¿Dónde tenía la cabeza? Ni idea. Parecía que yo tenía la misma edad que mi hijo.

Al rincón

2-4 años

Mi hija de tres años es muy obstinada. Tiende a hacer lo que le da la gana, sin medir las consecuencias. Empecé a mandarla, cuando se portaba mal, a un rincón de la casa, donde la obligaba a permanecer durante 10 ó 20 segundos.

No es mucho tiempo, pero basta para que la niña recupere el control. Si la castigara durante períodos más largos, seguramente la niña se aburriría y se iría a hacer otra cosa. Hasta ahora, la medida ha funcionado.

2-4 años

Al sofá

Es efectivo hacer una pausa. No tiene que ser larga. Para calmarse, al niño le basta retirarse durante tantos minutos como años tenga. Escoge un lugar (aburrido) donde el niño pueda sentarse en silencio, sin que nada lo distraiga. Por otra parte, he descubierto que hacer que el niño se siente y mire mientras los demás juegan es un buen incentivo para que se porte bien. Todo depende de ti, del niño y de la actitud merecedora del castigo. Si el niño se resiste a hacer una pausa o se pone histérico, me siento y lo pongo en mi regazo. Lo acuno, y le hablo dulcemente.

El sueño reparador 2-4 años

Ante todo, el castigo no debe ser que el niño se vaya a dormir. Primero, escoge un lugar intermedio, un sofá o una silla, donde el niño pueda calmarse. Luego, si es evidente que el niño tiene sueño (y si ya se ha calmado), llévalo a la cama. Si utilizas la cama como castigo, es probable que el niño tenga dificultades al tratar de dormirse por la noche, pues asociará su habitación con el castigo que se le impuso durante el día.

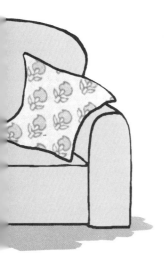

2-4 años

Haz un alto

Utiliza un cronómetro. Marca cinco o diez minutos e informa al niño de que durante esa pausa no deberá moverse de donde está. Esta medida te dará la oportunidad de disfrutar de cinco o diez minutos a solas (sin descuidar a los niños, desde luego). Combina el cronómetro con la elección de un lugar tranquilo. De esta manera, el cronómetro y el lugar se conectarán en la mente del niño. Si el niño es muy pequeño, calcula sólo uno o dos minutos. En ese caso no dispondrás de mucho tiempo, pero el niño aprenderá que el castigo tiene un límite.

Sin juguetes

2-4 años

A veces el mal comportamiento tiene que ver con un juguete. Escoge un lugar en la repisa del niño donde ponga «a descansar» los juguetes conflictivos. Es una medida particularmente útil cuando sucede que un peluche se convierte en un villano armado.

2-4 años

No te prestes al juego

No des cabida a las pataletas. Una de las peores cosas que puede hacer una madre es preguntar a su hijo de dos años si prefiere comer o seguir jugando. No le pidas permiso al niño. Al preguntarle «¿Puedo dejar aquí tu conejo, mientras comemos?» abres la puerta a la pataleta. Simplemente,

anuncia con firmeza: «El conejo se quedará aquí sentado en el sofá mientras comemos», y lleva al niño, de la mano, hacia la mesa. Te sorprenderá descubrir cuántas molestias puedes evitarte si no le pides al pequeño su opinión.

Dile las cosas como son

2-4 años

Concreta. No es suficiente decir al niño «Pórtate bien» antes de llegar a casa de los abuelos. Enseña al niño la diferencia entre «fuera» y «dentro». Dile que tendrá que estarse quieto durante la cena, pero que luego podrá correr por el jardín. Adviértele que debe dar las gracias si la abuela le da un regalo.

Acentúa
lo positivo

2-4 años

Demuéstrale al niño que te preocupas por él. Dile: «Te quiero» y «Eres importante y especial para mí». Alaba sus talentos. No señales sus puntos débiles con bromas ni con comentarios sarcásticos. En lugar de eso, sé positiva y estimula sus puntos fuertes. Premia el buen comportamiento, y procura divertirte con tu hijo. Estas estrategias positivas son las más efectivas en la educación. No ignores el buen comportamiento pues, si lo haces, el niño no tendrá incentivos para repetirlo.

Una pausa

Mi hija es una niña muy activa y exige
mucha atención y control.
A veces, inevitablemente,
me enfado con ella. La
cuarta vez que se cortó
el pelo, me puse lívida.
Todos los padres nos
enojamos; por eso,
creo que es necesario
hacer pausas. No sólo

los niños necesitan descansar; las madres, también.

Cuando dejo a mi niña «en pausa», voy a otra habitación para recogerme y prepararme para impartir un poco de disciplina de manera razonable. En ese momento, organizo mis pensamientos y me sobrepongo a la ira. Así evito descargar mi rabia sobre la niña. Es importante que tengas presente que no eres una mala madre por el simple hecho de enfadarte. Nadie puede estar calmado todo el día. Por eso, intenta reservar un poco de tiempo para el recogimiento.

Alternativas a los cachetes

2-4 años

El término medio

Sugiérele al niño alternativas razonables. Este truco funciona especialmente cuando el niño no está aún inmerso en la pataleta, pero ya está gritando y dando zancadas. Dile: «Si vas a seguir haciendo eso, ve y hazlo en tu cuarto». El niño irá y probablemente dará un portazo, pero regresará a los dos minutos, ya que enfadarse solo, en una habitación, no tiene el mismo efecto que hacerlo delante de los padres.

Ponte metas

Prométete que no te enfadarás ni gritarás antes de la hora de comer. Esto te obligará a explorar nuevas formas de procesar tu ira y tu sentimiento de frustración. Cuando ocurra algo que amenace con desencadenar tu mal humor, piensa: «No voy a gritar ni a dar cachetes...», y háblale a tu hijo con voz dulce (dulzona, si es preciso). Te sorprenderás ante la cantidad de métodos creativos que se te ocurrirán una vez hayas eliminado del repertorio los gritos. El grito tiene su función, pero pierde su

poder si recurres a él con demasiada frecuencia. Usa con inteligencia los gritos. De esta manera, los niños sabrán que cuando lanzas un grito, la cosa va en serio.

Si tu hijo es un tirano

Los niños pequeños carecen de la habilidad verbal y de la restricción mental y emocional necesaria para expresar la rabia y el dolor sin estallar. Es posible que mamá y papá se sorprendan al ver cómo tu hijo muerde y pega a los demás niños en el parque. Si tu niño tiraniza a los otros, actúa con rapidez y corrige la situación. Espero que los consejos de las siguientes páginas te ayuden a evitar esa situación tan negativa y embarazosa.

Dale espacio

2-4 años

No estés siempre vigilando a tu hijo. Los adultos tendemos a querer controlar los juegos de nuestros hijos. Pero, a veces, los niños juegan «para nosotros», y adoptan ciertas actitudes para llamar la atención. Deja a los niños solos, en la medida de lo posible. Si lo haces, ellos resolverán sus conflictos sin pedirte ayuda.

2-4 años

Cambio de escenario

Si tu hijo se muestra agresivo con los demás niños, quizás se deba a que no pasa suficiente tiempo en compañía de niños de su edad. Mi hijo menor, por ejemplo, está acostumbrado a jugar con sus hermanos mayores, pero tiene poco contacto con niños de su misma edad. Envía al niño a un jardín de infancia, aunque sólo sea durante dos mañanas a la semana, o ponte de acuerdo con otros padres para organizar un grupo de juego de niños de edades similares. Esto mejorará las habilidades sociales del niño.

Sácalo de paseo

2-4 años

Si tu hijo pierde el control e incluso llega a agredir a otros
niños, apártalo. Los otros niños no tienen por qué sufrir las
consecuencias de su pataleta. Haz que tu hijo se siente
a solas durante unos minutos, y hazle saber que las reglas
que se aplican en casa también funcionan en el terreno
de juegos.

Enséñale a compartir

Prepara una caja de juguetes «para otros niños». A menudo sucede que los niños se muestran muy posesivos con sus juguetes favoritos y se molestan si otros niños juegan con ellos. Ofrécele la oportunidad de dividir sus juguetes en dos grupos: aquellos con los que otros niños pueden jugar, y aquellos que son sólo para él. Guarda sus juguetes favoritos en un armario y dile a tu hijo que su cochecito o su peluche preferido estará «fuera del juego» durante el día. Pero también, hazle saber que los otros niños pueden jugar con los demás juguetes, y que él no podrá protestar.

Los niños ajenos

2-4 años

A veces ocurre que el padre y la madre no están de acuerdo con respecto a la disciplina. Cuando no se trata ya de la pareja sino de un grupo de madres, la variedad de opiniones es infinita. Ponte de acuerdo con respecto a ciertas normas básicas. Si te ofende que alguien más regañe a tu hijo, pide a los otros padres que, en caso de que haya un problema, te avisen para que tú te hagas cargo. Yo tengo una amiga que también tiene niños pequeños. Nos tenemos tanta confianza, que ella regaña a mis niños y yo a los suyos, sin que ninguna de las dos se ofenda. De hecho, cuando lo hacemos, nos

damos mutuo apoyo. Pero ése no es siempre el caso. Es importante que se respete los sentimientos de los otros niños y de sus padres.

2-4 años # Ensayemos para jugar

Antes de que vengan amiguitos de
visita, o antes de que tu hijo
vaya a casa de otros niños,
haz un pequeño simulacro.
Siéntate con él en el suelo
y ponte a jugar con un
juguete. Pídele al
niño que te pregunte
si puede jugar con el
juguete que tú has
escogido. Respóndele que
no. Sugiérele, entonces, que pregunte si hay algún juguete
con el que pueda jugar. Escenifica situaciones como ésta, en
las que el niño se puede encontrar, y enséñale las respuestas
correctas.

No exageres

2-4 años

Si tu hijo se comporta de manera agresiva, no exageres su reacción, pues lo asustarás y asustarás también al niño agredido. No sermonees a tu hijo en medio de sus juegos, no sólo porque avergonzarás a los niños, sino porque probablemente estarás dando al asunto más importancia que la que tiene. Además, el niño no comprenderá ni la mitad de lo que tú le digas en ese contexto. Sólo oirá «No bla bla bla bla, no bla bla bla». La mejor manera para manejar esta situación es retirar rápidamente al niño del lugar del conflicto o decirle, con firmeza, unas cuantas palabras bien escogidas.

2-4 años ## Los mordiscos

Mi hijo me mordió cuando lo amamantaba. Era comprensible. Pero un par de años más tarde, me mordió en el brazo. Por fortuna para los demás niños, yo era su principal víctima. El motivo por el que mordía era, casi siempre, cansancio. Sin embargo, si tu hijo suele morder a los otros niños (o a ti), llévalo aparte y dile que morder constituye una conducta inaceptable. Hasta un niño de dos años entiende la palabra «No». Dile, con firmeza: «Mordiscos no», y oblígalo a sentarse durante unos momentos. Es una fórmula rápida, concisa, clara y efectiva. ¿Hará que tu niño no vuelva a morder nunca más? Probablemente no, pero si sabe que morder trae consecuencias, con el tiempo, dejará de hacerlo.

Algo para morder

2-4 años

Me han dicho que para algunos niños, los mordiscos responden más a una fijación oral que al deseo de hacer daño. Si éste parece ser el caso de tu hijo, dale un cojín o un aro duro de plástico de los que muerden los niños durante la dentición. Si tu niño no muerde por agresividad, sino que roe y mordisquea, dale algo de comer mientras juega, como una rosquilla. Es posible que él sienta en las encías un poco de dolor debido a la aparición de las muelas y que no entienda de dónde proviene su deseo de morder.

2-4 años

Pedir perdón

Acércate con tu hijo al niño ofendido y haz que tu hijo le diga que siente lo que ha hecho, que le devuelva el juguete que le ha quitado, que le ofrezca una galleta en señal de paz, y, si el padre del otro niño está de acuerdo, que le de un abrazo.

Una almohada

2-4 años

Mis dos hijos mayores, que se llevan sólo 14 meses, solían pelearse. Si se peleaban por algún juguete, que por lo general era un muñeco de 60 céntimos comprado en un mercadillo y al que le faltaba un ojo (yo no entendía por qué jugaban con él, y mucho menos que se pelearan por él), los separaba, les decía que les quedaba «prohibido» jugar juntos y le daba a cada uno una almohada para que la golpearan. Por lo general, se desahogaban rápidamente y me pedían que les dejara seguir jugando juntos.

Buenos
modales

Una vez oí a Bill Cosby decir que los niños son egoístas, codiciosos, y que hacen cuanto está a su alcance para obtener lo que desean. Si es así, al menos quiero que mis niños lo hagan con buenos modales. «Por favor» y «gracias» no son simples palabras. Tampoco son los únicos términos de la cortesía. La cortesía también significa agradecer un regalo aunque uno ya tenga otro igual, y saber que no se debe señalar con el dedo la verruga que la tía Ana tiene en la nariz.

Cuelga a tiempo

2-4 años

¿Cuando te pones a hablar por teléfono, los niños tiran de tu ropa y reclaman tu atención? Quizás esto se deba a que alargas demasiado las conversaciones telefónicas. Si las limitas a unos diez minutos, aproximadamente, enseñarás a tus niños a ser pacientes durante el tiempo que dura una conversación telefónica razonable. Haz las llamadas importantes (o las de diversión) cuando los niños estén durmiendo o después de que se vayan a dormir.

Instala una extensión

Consigue un teléfono viejo, que no funcione, y polo cerca
de tu teléfono. De esta manera, el niño podrá hablar mientras
tú hablas. También puedes poner un teléfono de juguete en una
mesa baja cerca del teléfono de verdad, para que el niño y tú
contesteis al mismo tiempo
cuando suene el teléfono.

El cronómetro

2-4 años

Es tarde. Estás preparando la cena y, al mismo tiempo, intentas dar de comer al perro y hablar con la presidenta del jardín de infancia (con la que colaboras como voluntaria) acerca de la completa agenda que te ha preparado para la semana. De repente, una voz quejumbrosa pregunta: «¿Tendremos que comer *eso*?», o algo similar, igualmente molesto. Si tu niño reclama tu atención y tú estás en medio de una tarea importante, utiliza un cronómetro. No lo pongas durante un período muy largo (diez minutos serán suficientes). Dile al niño que cuando suene la alarma tú le prestarás atención. Para que el niño sepa que puede confiar, cuando suene la alarma detén tu actividad y dedícale un poco de tiempo.

A partir de 3 años

Señales útiles

No toda la comunicación tiene que ser oral. Una madre me ha contado que utiliza una pizarra con frases como: «Hola», «Estoy aburrido», «Emergencia». Si, cuando los niños llegan de la escuela, ella está hablando por teléfono, ellos señalan una de las palabras o frases. Si es «Estoy aburrido», ella saca de un cajón un trozo de papel en el que ha escrito el enunciado de una tarea. Si señalan «Emergencia», ¡más vale que sea verdad! La lista incluye enunciados como: «Tengo hambre» o «Tengo sed». Este método funciona mejor con niños que ya saben leer. Con los más pequeños, emplea dibujos.

Las visitas

2-4 años

Cuando alguien venga a casa, incluso si se trata del técnico de la televisión por cable, haz las presentaciones oportunas. Preséntaselo a tu hijo, y dile que se trata de Fulano de Tal, y que ha venido a reparar la electricidad o lo que sea. Luego, dile: «Tengo que hablar con este señor, así que es mejor que te vayas a jugar un rato, ya te avisaré cuando llegue el momento de que vengas a despedirte.

Permiso

Es un milagro que yo no oiga voces cuando estoy tratando de dormirme. En realidad, a veces sí las oigo, pero por lo general se debe a que mis hijos vienen a contarme, emocionados, que han atrapado un grillo y lo han metido en su habitación, o algún otro milagro similar. Cuentan su hazaña, y no me dejan hablar, ni a mi esposo, ni a nadie que intente hablar con nosotros. Un día, me harté de tantas interrupciones, e instituí una asignatura que titulé: «Interrupciones: Por qué a mamá no le gustan».

Enseña a tu hijo la palabra «permiso» y cómo usarla. Pero ten cuidado: mis hijos pensaban, al principio, que sólo tenían que decir «permiso» para ponerse a hablar inmediatamente. Asegúrate de que entiendan bien el sentido de la palabra «permiso» o, de lo contrario, te cansarás de oír todo el día: «Permiso, permiso, ¡permiso!».

Intégralos

2-4 años

¿Es en realidad necesario que excluyas a tu hijo? Deja que
participe de tu vida social. En lugar de mandarlo a que
juegue solo cuando tienes una visita, sírvele un vaso
de leche y permite que participe en la conversación.
Durante un rato, el niño se sentirá como un adulto, pero
después se aburrirá y querrá irse a jugar, aunque esto
implique estar solo.

Buenos modales

Conocer a los extraños

En ocasiones un niño monta una pataleta porque siente que está obligado a ser educado con alguien a quien no conoce. Tú puedes evitar este comportamiento si le haces saber que no es necesario que abrace y bese a la tía Margarita y que, si no quiere que lo toquen, nadie tiene por qué tocarlo. Informa también a la tía Margarita acerca de las reglas.

Los regalos

Antes de que tenga lugar una reunión familiar o una fiesta en la que tu hijo reciba regalos, llévalo aparte y hazle saber que, incluso si recibe algo que ya tiene o que no le gusta, tiene que dar las gracias, sonreír y no criticar el regalo. Es posible que el niño comente que decir que le gusta un regalo cuando no le gusta es mentir. Hazle saber que sonreír y agradecer a alguien que se ha toma la molestia de dar un regalo está bien. A la mayoría de los niños no les gusta ofender a los demás.

Los buenos modales

La empatía

Una de las mejores maneras de enseñar al niño buenos modales es mostrándote maleducado. Un día me cansé de la manera como mis hijos se trataban entre sí. Entonces, mi esposo y yo montamos una obra de teatro. Yo le decía cosas desagradables, y él se mostraba dolido. Inmediatamente, mis niños salieron en su defensa. Entonces, les dije que aquello que habían visto era lo mismo que yo veía cuando ellos se trataban mal y se burlaban unos de otros. Es útil recordar siempre al niño que debe tratar a los otros como quisiera que lo trataran a él. No es la panacea, pero sirve para evitar unos cuantos comentarios desagradables.

Eres un niño grande A partir de 3 años

A veces, los niños de más de 3 años vuelven a las pataletas para llamar la atención, que parece estar concentrada en los hermanos menores. Intenta señalar las ventajas que tiene ser un niño grande. No le impongas sólo tareas de bebé; dale responsabilidades como pagar en la tienda o prepararse el desayuno. También puedes mirar con él viejas fotografías y hazle saber que recuerdas con ternura cuando él era un bebé. Sin embargo, pon énfasis en lo orgullosa que te sientes al ver cómo ha crecido. Dile que puede enseñarle a su hermanito muchas cosas.

Dame, dame, dame
y temas similares

El «dame» o el «cómprame» es la perdición de los padres
y hace las delicias de los vendedores. ¿Es posible pasar
por la caja de un supermercado sin que el niño pida
alguna de las golosinas dispuestas justo a la altura de sus
ojos? Definitivamente, no. Pero es posible decirle «no» al
niño, y decirlo con convicción. Los siguientes consejos te
ayudarán a salir de la tienda sin haber gastado 60 euros
adicionales en chucherías que no necesita y que el
dentista desaprueba.

Dame, dame, dame
Ofrécele algo

2-4 años

Lleva una fruta, una golosina o un juguete en tu bolso, o permite que tu hijo compre una golosina al entrar en el supermercado. Si ya tiene algo que le ilusione, es posible que el niño no ruegue que le den otras cosas durante la compra.

Dame, dame, dame

Cíñete al plan

Dile al niño con antelación dónde iréis y qué compraréis. Por ejemplo, dile: «Tenemos que ir al centro comercial a comprar una tarjeta para el regalo de papá. Podrás mirar las figuritas de animales de la tienda, pero no compraremos más que una tarjeta». Si el niño sabe qué esperar, posiblemente no intentará hacerte cambiar de opinión.

A menudo le doy a mi hijo un breve discurso antes de entrar en una tienda. Si vamos a una tienda de artículos delicados, le pido que mantenga las manos en los bolsillos y los dependientes me lo agradecen. Si tu hijo es un listillo y dice «no tengo bolsillos», dile que cruce las manos en la espalda.

Sólo uno

2-4 años

Si quieres comprarle algo a tu hijo, asegúrate de que escoge una sola cosa. Si pide más, preséntale los dos artículos que ha escogido, y pregúntale cuál de los dos quiere. Repite el procedimiento cuantas veces sea necesario, pero asegúrate de presentarle sólo dos artículos cada vez. De lo contrario, al niño le resultará difícil decidir entre varias opciones, y se sentirá inquieto.

Dame, dame, dame
Amenaza
con marcharte

A partir de 3 años

Amenaza con marcharte, y cumple la amenaza. Incluso si llevas dos horas en el supermercado y tienes el carrito de la compra lleno. Incluso si ya estás en la cola de la caja. Si el niño sigue pidiendo después de que le has dicho «no» veinte veces, no cedas. Adviértele que si pide algo una vez más, o monta un escándalo, os marcharéis. Recuérdale que, en caso de hacerlo, las galletas y las demás cosas sabrosas que ya están en el carrito, se quedarán en el supermercado. Si el niño insiste, abandona el lugar. Si el niño entiende que la cosa va en serio, aprenderá a comportarse.

Dame, dame, dame
Un trueque

2-4 años

Sobórnalo. Así de simple. «Si no me pides que te compre cosas en la tienda y no lloras, te compraré un helado, o nos detendremos en el parque de camino a casa». No es una solución a todos los problemas, pero merece la pena intentarlo. Si el niño no se comporta, no le compres ningún helado.

Dame, dame, dame

El ayudante de mamá

Deja que el niño te ayude a hacer la lista de la compra. No tiene que escribir los nombres de los artículos; basta con que los dibuje. De esta manera, el niño participa en la compra, y sabe, de antemano, que sólo comprarás las cosas que aparezcan en la lista.

En el carrito

2-4 años

¿Odia tu niño ir dentro del carrito del supermercado? El mío sí, y no lo entiendo, pues a mí me encantaría que me transportaran dentro de un carrito a través de un supermercado lleno de gente. En ocasiones, cuando en el supermercado hay mucha gente, no hay otro remedio que decirle al niño: «Móntate, o mantente al lado del carrito». El niño elegirá caminar. Dile que si intenta irse corriendo por ahí tendrá que subirse al carrito de inmediato. Y cumple la amenaza.

Dame, dame, dame
Enséñale el valor del dinero

A mi hijo de cuatro años le encanta pagar. A veces le doy un euro y permito que compre algo. Antes de que yo cargue el carrito, dejo que vaya a la caja y compre su artículo. El niño se siente importante, y comprende que sólo puede llevarse una cosa del supermercado. Además, se distrae tanto mirando la golosina que ha comprado, que desvía la atención de lo que yo compro. Si el niño escoge un artículo demasiado caro, recuérdale que sólo tiene un euro y que debe buscar algo diferente. ¡Es una lección que merece la pena aprender!

Diviértele
en la cola

2-4 años

Lleva un libro al supermercado y léele un cuento mientras esperáis en la cola. Esto mantendrá la atención de los niños lejos de los artículos que se exhiben junto a las cajas, y hará la espera más llevadera.

Dame, dame, dame

Libros sí

Hace años oí que la psicóloga infantil Penelope Leach contaba que sus hijos habían aprendido que ella siempre respondía negativamente cuando le pedían juguetes, pero casi siempre accedía si le pedían libros. Lo he puesto en práctica con mis hijos, que hoy en día tienen más libros que los demás niños de su edad, y los han leído todos. Otras madres pueden hacer lo mismo con otros bienes de consumo. Simplemente, establece qué cosas se pueden comprar y qué cosas no.

Dame, dame, dame
De compras juntos

2-4 años

En lugar de dejar que el niño te siga, de manera pasiva, a través de la tienda, permítele que coja algunos artículos. Dile que necesitas tres cajas de pasta, y deja que escoja las formas que más le gusten y las ponga en el carrito. Si tu niño conoce los números, pídele que te ayude a encontrar la marca más barata. Si mantienes al niño ocupado escogiendo los artículos y hablándole de las comidas que prepararás con ellos, el niño no tendrá tiempo para distraerse.

Los lloriqueos

Lo peor del lloriqueo no es su objeto, sino su tono. El sonido del lloriqueo me resulta incluso más desagradable que el sonido que hace una uña sobre una pizarra o el de las alarmas de incendio. Si uno deja que el niño gane, nunca dejará de lloriquear. La clave para combatir el lloriqueo es no recompensarlo. Incluso si los niños te piden que les dejes que laven el coche, niégate si te lo dicen lloriqueando.

No oigo nada

A partir de 3 años

«No oigo nada». A veces, cuando mi hijo lloriquea, no me queda otro remedio que ser tan infantil como él. Si lloriquea, me tapo los oídos y canturreo: «No oigo, no oigo». Él exclama: «¡Mamá, para ya!». Yo pregunto: «¿Vas a seguir lloriqueando?». Por lo general, mi actitud hace que deje de lloriquear.

Los lloriqueos

¡Qué sonido más feo!

A partir de 3 años

Una vez, en el supermercado, uno de mis hijos empezó a llorar porque quería que le comprara un caramelo o unas galletas. Miré a sus hermanos y les pregunté: «¿Oís algo?» Respondieron que no. Dije: «Me parece que la rueda del carrito está chirreando». Los niños revisaron las ruedas. «No, están bien», dijeron. El lloriqueo continuó, y pregunté otra vez: «¿Qué será ese horrible sonido?». Entonces, los tres señalaron a su hermano. Los miré y dije: «No, no puede ser él. Él no sería capaz de hacer un sonido tan feo». El lloriqueo cesó de inmediato.

Sonríe

A partir de 3 años

Es difícil lloriquear mientras se sonríe. Adviértele al niño que sólo oirás sus peticiones si las hace sonriendo. Desde luego, no lo hagas si el niño está sufriendo por alguna causa real. ¿Quiere zumo? Que sonría. ¿Quiere ir al parque? Con una sonrisa, por favor. La sonrisa cortará el lloriqueo. No olvides devolverla.

Los lloriqueos

Placeres inexperados

A partir de 3 años

Ocasionalmente, dale al niño una golosina o un juguete, sin que te lo pida. En su libro *El bebé y el niño*, Penelope Leach dice: «Si llevas a tu hijo de compras y él empieza a suplicar que le compres caramelos, tú le compras uno, para que él no arme alboroto. Pero si no llora, ¿le compras caramelos?».

Premios

Si el niño disminuye la frecuencia de los lloriqueos, premia su comportamiento. Desde luego, esto no significa que el niño obtenga todo lo que quiera si lo pide de buena manera. Simplemente, hazle saber que lo escucha, y que le gusta la manera como se está comunicando. El niño debe comprender que no puede obtener todo lo que desea. Si te pide que no salgas y que te quedes en casa con él, dile: «Tu padre y yo tenemos algo especial que hacer esta noche. Marquemos en el calendario un día para ir contigo al cine. Mira: faltan solamente dos días».

Los lloriqueos

Préstale
atención

A partir de 3 años

Si tu niño pide atención, procura dársela. Si acabas de llegar a casa y quieres descansar durante diez minutos antes de empezar a preparar la cena, asegúrate de saludarlo, de felicitarlo por los dibujos que ha hecho, y dile que jugarás con él más tarde, después de la cena. Así, tú podrás descansar un rato sin que el niño te interrumpa con lloriqueos. Por otra parte, si estás muy ocupada y tienes que salir de casa de inmediato, no dejes que el niño altere tus planes.

Disminuye el ruido en casa

A partir de 3 años

Si el niño lloriquea más a menudo cuando en la casa hay ruido, recuerda que a los niños les gusta que les oigan.

Apaga la televisión o la radio para que haya menos ruido y el niño sienta que cuenta con su atención.

A partir de 3 años

Así no se habla

Asegúrate de que tu hijo sepa que tú sólo responderás si se porta con educación. Explícale que el problema está en el tono de voz que está empleando. Dile que escucharás cualquier cosa que quiera decirte cuando use un tono más amable y menos apremiante. Dile, simplemente: «Así no se habla». Al responderle con firmeza, haces que el niño no se salga con la suya a través de los lloriqueos. Hazle saber que no cederás aunque él monte un escándalo. «Lo siento, pero cuando lloras así, no puedo escucharte». El niño aprenderá qué debe hacer para que le escuchen.

Los lloriqueos

Imítale

A partir de 3 años

Ayuda a tu hijo a que aprenda a distinguir entre los tonos quejumbrosos y los tonos agradables. Dale ejemplos de los dos. Durante una hora (o quizás más tiempo, si es necesario), háblale sólo en tono lastimero. Cada vez que te pregunte algo o que te responda, lloriquea. Quizás le hagas reír tanto (o le incomodes tanto) que se percate así de su error.

A partir de 3 años

Ataques sorpresa

A veces es conveniente sorprender a los niños con castigos, especialmente para corregir actitudes repetidas. Mi hijo de seis años suspira y protesta airadamente cuando le pido que haga algunas cosas, como por ejemplo, que recoja su traje de baño húmedo del suelo. Le he dicho varias veces que debe hacer de buen grado lo que se le pide, y seguir adelante, pero él sigue respondiendo de mala manera en ciertas ocasiones. Un día, logré sorprenderlo. Le pedí que recogiera un par de juguetes que había dejado en el suelo, y él protestó: «¿Por qué siempre tengo que hacerlo todo?». Le dije «Mira, por protestar, pierdes una hora de televisión». «Pero mamá», dijo él, empezando a lloriquear. ¿Quieres que sean dos?» pregunté. Él se calló, y recogió los juguetes. Ahora se lo piensa dos veces antes de quejarse por cualquier cosa.

Aburrimiento

A partir de 3 años

Los niños más pequeños a menudo se irritan y empiezan a lloriquear cuando les cuesta hacer algo bien. Si tu niño se siente frustrado al intentar hacer una cosa, sugiérele que la haga de otra manera. Evita proponerle cosas difíciles (rompecabezas, juegos complejos) cuando está cansado. Los niños mayores, por su parte, suelen irritarse cuando se aburren. Pide a tu hijo que prepare contigo una lista de «cosas divertidas». Recorta los puntos de la lista y mételos en un sobre. Cuando el niño sienta que no tiene nada que hacer, dile que saque uno de los papeles.

En boca
del niño

Recuerdo bien algo que sucedió cuando yo tenía aproximadamente cinco años. Yo me encontraba delante de un grupo de amigos de mis padres, y estaba haciendo gala de mi talento para rimar. Todo el mundo se puso nervioso cuando empecé a encontrar rimas para la palabra «olla». Yo no tenía ni idea de qué había hecho mal. El caso es que me invitaron a que me sentara sola en la escalera. A los niños les encanta decir palabrotas, y en ocasiones no es fácil determinar cuán conscientes son de lo que dicen. A continuación te daré unos consejos para que eduques esas boquitas sucias.

Lávate la boca

A partir de 3 años

Si sueltas palabrotas todo el día, no puede esperar que tu hijo no te imite. Si los tacos forman parte del léxico familiar, su uso se convierte en un hábito difícil de romper, especialmente cuando los niños crecen.

En boca del niño

Palabrotas aceptables

A partir de 3 años

Determina qué palabrotas son aceptables en casa y cuándo pueden usarse. Siempre digo que si el niño se golpea y suelta una palabrota, no me enfadaré demasiado. En cambio, es inaceptable usar malas palabras como insultos. El niño no puede, por ejemplo, llamar a su hermana «idiota @#%&$». Para evitar que se digan palabras terribles, desarrolla un vocabulario personal y simpático de interjecciones. Puedes usar algunas como «caracoles», «rayos», etc., pero es mejor que inventes otras. Si gritas «farramurro» cuando te haces daño accidentalmente, los niños sin duda reirán.

No te rías

A partir de 3 años

A veces es difícil reprimir la risa. Una vez oí a mi hija
pequeña pronunciar mal una palabrota, y me costó
contenerme. Ya que sabía que la niña había aprendido
la palabra de mí, no podía enfadarme demasiado.
Es importante que muestres tu desaprobación, y que el niño

sepa que el uso de malas palabras es
inaceptable en todos los contextos.
Sugiere interjecciones creativas como
alternativas.

A partir de 3 años

Los gritos

Los gritos son molestos y dolorosos. Antes de que las ventanas de tu casa se rompan, hazle saber al niño que gritar no es una manera aceptable de comunicarse. Dile al niño que los gritos aturden y que no está permitido gritar bajo techo. También puedes sacar de la casa por un instante al gritón, o alejarte de él. Pero sólo si el niño grita para llamar la atención, no cuando se haya hecho daño.

Wahhhhhh

Enséñale a expresarse

A partir de 3 años

A menudo los niños gritan o dicen palabrotas porque no saben comunicar lo que quieren de otra manera. Si el niño grita y tú sabes qué es lo que quiere, enséñale a decirlo con palabras. No le des un vaso de leche si el niño grita y llora y señala un vaso. Pero no seas demasiado estricta. Señala la botella de leche, diga «leche», e incluso si el niño dice sólo «mmm» felicítalo por su esfuerzo y sírvele la leche. No le obligues a recitar un monólogo. Simplemente, enséñale cómo decir lo que quiere en pocas palabras y de manera educada. Tras hacerlo unas cuantas veces, el niño aprenderá cómo pedir las cosas. Aplica esta regla a otras situaciones.

Las confesiones

Una de las frases favoritas de mi hijo menor es «ha sido sin querer». La usa casi siempre que ha hecho algo incorrecto, cuando sé que lo ha hecho intencionadamente. Los niños menores de cuatro años no mienten por engañar sino para librarse de hacer algo que no quieren hacer. «¿Quién ha

sacado todos estos juguetes?». «Yo no he sido». No te concentres en la mentira. Es recomendable que digas algo así como: «Bueno, no importa quién lo haya hecho. Por favor, ayúdame a recogerlos». Al final, el niño tendrá que hacer lo que no quería hacer.

A partir de 3 años

Ha sido sin querer

Si acusas a un niño de haber hecho algo y pretendes
obligarlo a confesar, lo animas a que mienta.
Si has visto que el niño hace algo mal, díselo.
Si no estás seguro, no lo culpes. No intentes
que el niño admita lo que ha hecho, pues
con ello abrirás la puerta de la mentira.

No seas Pinocho

A partir de 3 años

No mientas. ¿Tu hijo escucha como le dices a tu esposo: «Si me llaman, di que no estoy», o que te excusas de ir al trabajo diciendo que estás enferma aunque no sea verdad?

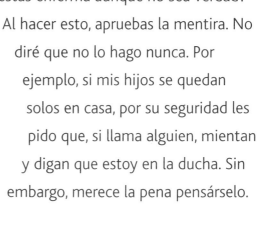

Al hacer esto, apruebas la mentira. No diré que no lo hago nunca. Por ejemplo, si mis hijos se quedan solos en casa, por su seguridad les pido que, si llama alguien, mientan y digan que estoy en la ducha. Sin embargo, merece la pena pensárselo.

A partir de 3 años

Fantasmas

¿Hay fantasmas en casa? ¿No lo has hecho tú? Bueno, pues seguramente hay fantasmas». La mayoría de los niños entenderán que esta afirmación es absurda y confesarán lo que han hecho. Aun si culpan a los fantasmas, sabrán que en realidad aceptan la responsabilidad de lo que han hecho.

Mantén la calma

A partir de 3 años

Hay un charco de chocolate sobre la mesa, y el chocolate está cayendo al suelo de la cocina que, sin duda, tú acabas de fregar. Si le preguntas a tu hijo: ¿Acabas de derramar el chocolate?» probablemente contestará: «No». ¿Por qué no lo acepta, si es obvio que lo ha hecho él? Porque no quiere meterse en problemas. Intenta no exagerar. Mentir no está bien, pero si tú te enfureces, a causa de una acción indebida o de la mentira, será más difícil que, en el futuro, el niño diga la verdad. Si al niño le da miedo aceptar lo que hace, mentirá. Asegúrate de que tu hijo se siente cómodo al hablarle de cualquier cosa. Siempre digo a mis hijos que es más probable que los castigue si mienten que si aceptan lo que han hecho.

A partir de 3 años

Las quejas

«Mamá, me ha quitado la muñeca...». Me desespera.
Siempre digo que hay una diferencia entre «quejarse» y
«denunciar». Uno denuncia algo cuando advierte que una
persona (incluida aquella a la que acusa) se encuentra en
peligro, debido a un determinado comportamiento.
Distingue claramente entre estos dos conceptos, y dile a
los niños que las quejas y los lloriqueos no son aceptables.

Cuando oigas quejas, di: «Ajá» y desvía la atención. Si la queja se repite, di: «No oigo quejas», e ignora al niño. Pregunta: «¿Qué puedes hacer para resolver el problema tú solo?» o «¿Estás denunciando algo o te estás quejando?». Me encanta preguntar: «¿Hay sangre? ¿Alguien se ha roto algo?». Si la respuesta es «No», dile al niño que busque una solución por sus propios medios. Otra cosa que puedes hacer es mirar al niño a los ojos y preguntarle: «¿Y qué quieres que haga yo?». El niño probablemente se retractará para no meter en problemas al otro.

Alternativas al
¡NO!

Hay días en que, de cada dos palabras que digo, una es
«No». O, en ocasiones, «¡NO!». A lo largo de los años,
he desarrollado algunas variaciones, como chasquear
la lengua o decir: «De ninguna manera». Cuando los
niños empiezan a moverse con más libertad, parece
que se desata un torrente de «no, no, no», a medida que
empiezan a tirar las cosas, a tropezarse contra los bordes
de los muebles y a agarrar los libros de las estanterías.
No importa que intentes adecuar la casa a ellos; siempre
encuentran cómo hacer o hacerse daño. Dejas de mirar un
segundo, y cuando te vuelves, hay una pila de tierra sobre
la alfombra porque el niño ha volcado una maceta. A
continuación encontrarás algunas alternativas al «No».

Sé superpositivo

3-6 años

En vez de un «no», ofrece dos «sí». Cuando le digas al niño que no haga alguna cosa, preséntale a continuación dos cosas que sí pueda hacer. Si le dices, por ejemplo, que no puede tomar zumo en el salón, dile enseguida que puede tomar zumo en la cocina, o agua en el salón.

Alternativas al ¡No!
Inquisición
sin dolor

«No, Liam», «No, Liam», «No, Liam». Puedo decirlo mil veces al día, y él sigue haciendo lo que no debe hacer. Durante sus dos primeros años de vida, lo juro, pensé que tenía un problema auditivo. Sin embargo, si le ofrecía una galleta, siempre venía. Decir «no» todo el día es frustrante y agotador. Si el niño tiene edad suficiente para saber qué significa «no», pero prefiere ignorarlo, prueba a hacerle preguntas como: «¿Crees que ésa es una buena idea?» o «¿Qué crees que pasará si derramas / empujas / pateas / tiras / arrojas eso?». Asegúrate de que el niño te conteste con palabras y no con una demostración. La tradicional amenaza: «Si haces eso, prepararé habas para la cena» también funciona.

Más tarde

2-4 años

Dile «ahora no», pero ofrece hacer más tarde lo que el niño te pide. Quizás el niño acaba de sacar el tablero de ajedrez, o quiere ver una película. Dile cuándo estarás dispuesto a realizar con él la actividad en cuestión y sugiérele algo para hacer mientras tanto. Por supuesto, se corre el riesgo de que el niño pregunte cada dos minutos si ya es hora de jugar o de ver la película.

Alternativas al ¡No!

Negociaciones

Dale la opción de negociar. Es divertido. Lo he intentado con mi hijo de tres años, que ha empezado hace poco a dar excusas y a explicarse. Cuando el niño pida algo, pregúntale cuáles son los beneficios que representaría ceder: «¿Para qué?», «¿Qué tendría de bueno hacerlo?». Luego, pregúntale qué desventajas tiene la idea, o por qué cree que tú podrías impedir que la llevara a cabo. No te garantizo que se inicie una conversación, pero al menos el niño tendrá que esforzarse por conseguir lo que desea.

«Es una herramienta, no un juguete»

3-6 años

Ésta es una de las frases favoritas de mi esposo. Cada vez que uno de nuestros cuatro hijos coge algo, ya sea una escoba o una pelota, y empieza a usarlo inadecuadamente (por ejemplo, a golpear la pelota con la escoba), mi esposo le pregunta: «¿Es una herramienta o un juguete?». El niño responde, y entonces mi esposo le enseña la utilización adecuada del objeto en cuestión. A los niños les encanta jugar con las herramientas y con los juguetes, y dejamos que lo hagan, siempre y cuando reconozcan la diferencia entre una espátula y un bate. Este argumento también funciona con electrodomésticos

«No» es «no»

A veces no hay alternativa posible. Por ejemplo, en la calle. Si me dieran una moneda cada vez que oigo que una madre explica a su hijo por qué no debe acercarse a la calzada, sería millonaria. Hay algunas cosas (como las tomas de electricidad) a las que los niños simplemente no deben acercarse. Punto. Y la mejor manera de mantenerlos a salvo es, simplemente, gritándoles

«¡No!» Explica luego el motivo, si lo deseas, pero asusta al niño si se acerca a la calzada, a la toma de corriente o a algún otro lugar o artefacto que pueda hacerle daño.

2-4 años # Tácticas de distracción

¿Está el niño a punto de tocar o de romper algo a lo que no debería acercarse? Esto ocurre mucho, especialmente en las casas ajenas. Dile al niño: «Ven rápido, que te necesito». Cuando el niño se acerque, abrázalo y bésalo. Dile: «Gracias, necesitaba abrazarte», e intenta dirigir su atención hacia otra cosa.

Alternativas

Ofrecer alternativas es una buena táctica para enseñar a los niños a hacer lo que quieren hacer de una manera más aceptable. Sustituye el lugar o el objeto. A la mayoría de los niños no les está permitido pintar en las paredes. Si tu hijo quiere hacerlo, dile: «No puedes pintar en las paredes. Si quieres pintar, puedes hacerlo en un papel (cambio de lugar) o en la pizarra, con una tiza (cambio de herramienta)». Cuando hayas reorientado la actividad del niño, alaba varias veces su buen comportamiento. Esto ayudará a que él entiendas qué está bien y qué no.

Ojos que no ven...

Lo confieso. Tengo una consola de videojuegos. Y, a veces, me gusta jugar. En ocasiones, cuando nieva y hace frío, juego con los niños. Otras veces, permito que lo hagan ellos solos, durante una o dos horas, si la semana ha sido muy dura. Pero en ocasiones es demasiado. Mi hijo de cuatro años aprendió a jugar con niños mayores, y se obsesionó con la consola. Montaba una pataleta si yo le decía que no podía

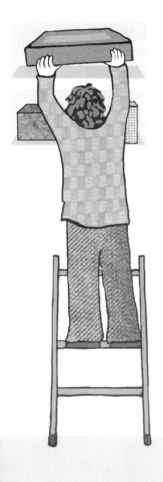

jugar. Obtuve el consentimiento de mis otros hijos (que no estaban tan obsesionados con los videojuegos como él) para que el pequeño me ayudara a embalar la consola en una caja. La guardé en el armario hasta que la olvidó.

Delega las decisiones

3-6 años

Haz que tu hijo sienta que puede tomar ciertas decisiones; así, tú no tendrás que rechazar siempre todo lo que él propone. Deja que tome decisiones simples como qué camiseta quiere ponerse o qué libro quiere que le lean. Es conveniente darle dos opciones (por ejemplo, la camiseta gris o la verde). Esto te ayudará a que él aprenda a expresar lo que quiere y hará que sienta que tiene poder. Y tú no tendrás que decir siempre «No».

Hazlo
más facil

2-6 años

Gánate el respeto de tu hijo siendo respetuosa. No siempre es fácil ser solidaria y amable para enseñar que se debe ser solidario y amable con los demás. Sin embargo, haz el esfuerzo de ponerte en el lugar del niño un instante. Si los niños sólo oyen la palabra «no», se volverán sordos hacia casi cualquier palabra excepto «galleta». Intenta decir «no» con menos frecuencia. Haz saber al niño qué esperas de él, y facilita así su labor. «No metas la mano del bebé en la toma de corriente» es una orden más fácil de obedecer si las tomas están cubiertas.

Lecturas recomendadas

CASTELLS, PAULINO.
Guía práctica de la salud y psicología del niño.
Editorial Planeta.

CORKILLE BRIGGS, DOROTHY.
El niño feliz.
Editorial Gedisa.

DOLTÓ, F.
¿Niños agresivos o niños agredidos?
Editorial Paidós.

GUZMÁN, CATY.
Masaje para ti y tu bebé.
Océano Ambar.

LEACH, PENELOPE.
El bebé y el niño.
Grijalbo.

MARTÍNEZ, SUSANA.
101 consejos para mamás primerizas.
Océano Ambar.

ORTEMBERG, ADRIANA Y DRA. ORTRUD LINDEMANN.
Mi bebé y yo.
Océano Ambar.

PEARCE, JOHN.
Berrinches, enfados y pataletas.
Editorial Paidós.

PURVES, LIBBY.
Cómo no ser una madre perfecta.
Editorial Urano.

TAYLOR, ERIC.
El niño hiperactivo.
Edaf.

Notas

Agradecimientos

Quiero dar las gracias a mis hijos y a mi esposo,
a Rebecca Saraceno y a Mandy Greenfield.

índice

A
Aburrimiento 97
Alejarse 25
Alternativas 121
Amenazas 13, 78, 81, 114
Arrojar 30

B
Bailar 28
Buenos modales 62-73, 103

C
Cachetes 15, 36-49
Calle 118-119
Cambio de escenario 26-27
Castigado sin salir de la
   habitación 12
Castigos 14, 21, 39, 109
Ceder 9
Colas 83
Comida 32-33
Compras 8, 10-13, 74-85, 88
Consecuencias 58
Coherencia 9, 21
Cronómetro 40, 65

D
Decir «no» 112-125
Delegar 124
Disciplina 18, 47, 55
Distracción 120

E
Ensayos 56
Escoger 77, 124
Especificar 44
Exageración 57

F
Fantasmas 108

G
Golosinas 74-75, 82, 90

Gritos 14-15, 31, 48-49,
   102-103
Grupos de juego 52

H
«Ha sido sin querer» 104-
   105
Herramientas 117, 121

I
Interrupciones 68

J
Jardín de infancia 52
«Jaula del pájaro»,
   estrategia de la 27
Juguetes 20, 41, 54, 56, 60-
   61, 75, 84, 117

L
Libros 83-84
Listas 80
Lloriqueos 86-97

M
Mala educación 72
Manos en los bolsillos, regla
   de las 76
Mentiras 106-107, 109
Metas 49
Mirar a los ojos 23
Mordiscos 58-59

N
Negociación 116

O
Opiniones 42-43
Otras personas 8, 54-56, 58

P
Palabrotas 98-101
Pausas 38, 40, 47
Presentaciones 67

Premios 45, 91

Q
Quejas 110-111

R
Razonar 10-11
Regalos 44, 71
Rincón 37

S
Salir 34-35
Signos 66
Sobornos 79
Soluciones 10
Sonrisa 89
Sueño 39
Supermercados 8, 11-13, 88

T
Teléfono 63-64, 66, 107
Tiranos 50-61

V
Videojuegos 122-123
Vigilar 51
Visitas 67